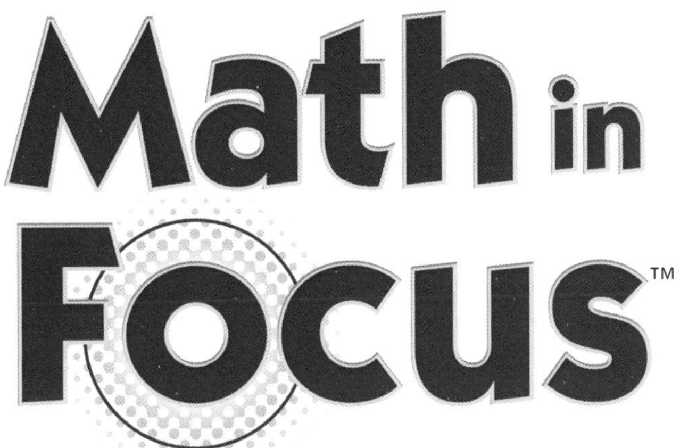

Math in Focus™

The Singapore Approach

School-to-Home Connections

(K)

Author

Dr. Pamela Sharpe

Published by Marshall Cavendish Education
An imprint of Marshall Cavendish International (Singapore) Private Limited
A member of Times Publishing Limited

Marshall Cavendish International (Singapore) Private Limited
Times Centre, 1 New Industrial Road
Singapore 536196
Tel: +65 6411 0820
Fax: +65 6266 3677
E-mail: fps@sg.marshallcavendish.com
Website: www.marshallcavendish.com/education/sg

Distributed by
Great Source
A division of Houghton Mifflin Harcourt Publishing Company
181 Ballardvale Street
P.O. Box 7050
Wilmington, MA 01887-7050
Tel: 1-800-289-4490
Website: www.greatsource.com

First published 2009

Math in Focus™ is a trademark of Times Publishing Limited.

Great Source® is a registered trademark of Houghton Mifflin Harcourt Publishing Company.

Math in Focus School-to-Home Connections Kindergarten
ISBN 978-0-669-02605-4

Printed in Singapore

1 2 3 4 5 6 7 8 MCI 16 15 14 13 12 11 10 09

Contents

Preface   iv

Welcome letter   1

Chapter 1   Numbers to 5   3

Chapter 2   Numbers to 9   5

Chapter 3   Order by Length or Weight   7

Chapter 4   Counting and Numbers 0 to 10   9

Chapter 5   Size and Position   11

Chapter 6   Counting and Numbers to 20   13

Chapter 7   Solid and Flat Shapes   15

Chapter 8   Counting by 2s and 5s   17

Chapter 9   Comparing Sets   19

Chapter 10   Ordinal Numbers   21

Chapter 11   Calendar Patterns   23

Chapter 12   Counting On and Counting Back   25

Chapter 13   Patterns   27

Chapter 14   Counting On to 15   29

Chapter 15   Length   31

Chapter 16   Classifying and Sorting   33

Chapter 17   Addition Stories   35

Chapter 18   Subtraction Stories   37

Chapter 19   Measurement   39

Chapter 20   Money   41

End-of-Year letter   43

Preface

This *School-to-Home Connections* book is created to facilitate communication between teacher and families and to help adults at home support their child's experiences in math at school.

Math in Focus™ School-to-Home Connections consists of one newsletter per chapter as well as a Welcome letter and an End-of-Year letter, each in both English and Spanish. The newsletters include:

- vocabulary terms with explanations
- a brief outline of the math content for the chapter
- a simple and engaging activity for an adult at home to do with the child to explore or practice a key concept or skill.

Students whose parents are involved and supportive tend to be more engaged and successful in the classroom. Take advantage of this opportunity to connect with your students' families. Send the newsletters home near the beginning of each chapter so that families can discuss concepts with their child as they are being presented in school.

Dear Family,

Welcome to the experience of helping your child make connections in math with the *Math in Focus™* program. *Math in Focus: The Singapore Approach* is the world-class math curriculum from Singapore adapted for U.S. classrooms.

The *Math in Focus* Kindergarten program consists of classroom learning experiences structured around the **I**ntroduce–**D**iscover–**E**xplore–**A**pply format:

- **Introduce** invites children to sing, clap, rhyme, and discuss colorful, playful scenes presented in the Big Book while the teacher systematically elicits related math talk

- **Discover** provide hands-on work in small groups or pairs to allow children to act out or engage actively with the new math idea

- **Explore** reinforces and enhances concepts as children go one step further with the concept

- **Apply** provides children the opportunity to work independently with paper and pencil to practice the new concept or skill

You can help your child build mathematical success and confidence, as well as communication skills in mathematics by practicing newly acquired skills at home. Throughout the year, I will be sending home letters that will help you understand what your child has learned in school. These letters contain activities that give your child an opportunity to share their new skills with you.

I look forward to working with you and your child this year. Please contact me if you have any questions about the program or about your child's progress.

Estimada familia:

Bienvenidos a la experiencia de ayudar a su hijo a hacer conexiones en matemáticas con el programa *Math in Focus*™. *Math in Focus: The Singapore Approach*, es el plan de estudios de matemáticas del grado Kindergarten de Singapur, adaptado para clases de EE.UU.

El programa *Math in Focus* para Kindergarten consta de experiencias de aprendizaje en clases estructuradas en torno al formato de **I**ntroducción–**D**escubrimiento–**E**xploración–**A**plicación:

- La **introducción** invita a los niños a cantar, aplaudir, rimar y dialogar sobre los colores, escenas divertidas que se presentan en el Big Book (Libro grande) mientras el maestro provoca sistemáticamente conversaciones matemáticas relacionadas

- El **descubrimiento** ofrece trabajo práctico en pequeños grupos o pares para permitir a los niños representar o participar activamente con la nueva idea matemática

- La **exploración** refuerza y mejora los conceptos a medida que los niños dan un paso adelante con el concepto

- La **aplicación** brinda a los niños la oportunidad de trabajar en forma independiente con papel y lápiz para practicar el nuevo concepto o destreza

Puede ayudar a su hijo a crear confianza y éxito en matemáticas, así como destrezas de comunicación en matemáticas al practicar en casa las destrezas recientemente adquiridas. Durante el año, le enviaré cartas que le permitirán entender lo que su hijo ha aprendido en la escuela. Estas cartas contienen actividades que brindan a su hijo una oportunidad para compartir con usted sus nuevas destrezas.

Espero con interés trabajar con usted y su hijo este año. Comuníquese conmigo si tiene alguna pregunta sobre el programa o sobre el avance de su hijo.

Math in Focus
SCHOOL to HOME
Connections

Chapter ① Numbers to 5

Dear Family,

In this chapter, your child will study numbers to 5, and learn to tell the similarities and differences between objects.
Some of the skills your child will practice are:

- understanding the concept of numbers
- describing how objects are the same, and how they are different

Activity My Fruit Bowl

Finding similarities and differences in a set of objects is a skill that your child will use to classify and sort objects later in this program. Encourage your child to use color and size vocabulary when identifying if objects are the same or different.

You will need 2 apples, a lemon, a strawberry, a banana, and a bowl.

- Pick 2 fruits and have your child say what is the same and what is different about them.
- Place 3 fruits into the bowl and ask your child to count them. Vary the number of fruits. Alternatively, ask your child to place 3 fruits into the bowl. Vary the number.

Vocabulary to Practice

1 ●
2 ● ●
3 ● ● ●
4 ● ● ● ●
5 ● ● ● ● ●

Objects are the **same** when they have common properties.

Objects are **different** when they have no common properties.

Capítulo ① Números hasta 5

Estimada familia:

En este capítulo, su hijo estudiará los números hasta 5 y aprenderá a observar las similitudes y diferencias entre objetos. Algunas de las destrezas que practicará su hijo son:

- entender el concepto de los números
- describir en que se parecen y en que se diferencian los objetos

Actividad Mi fuente de frutas

Encontrar similitudes y diferencias en un conjunto de objetos es una destreza que su hijo utilizará para clasificar objetos más adelante en este programa. Anime a su hijo a que utilice vocabulario de color y tamaño al indicar si los objetos son iguales o diferentes.

Necesitará 2 manzanas, un limón, una fresa, un plátano y una fuente.

- Elija 2 frutas y pida a su hijo que diga en qué se asemejan y en qué se diferencian.
- Coloque 3 frutas en la fuente y pida a su hijo que las cuente. Varíe el número de frutas. Como alternativa, pida a su hijo que coloque 3 frutas en la fuente. Varíe el número.

Vocabulario para practic

1 ●

2 ●●

3 ●●●

4 ●●●●

5 ●●●●●

Los objetos son **iguales** (same) cuando tienen propiedades comunes.

Los objetos son **diferentes** (different) cuando no tienen propiedades comunes.

SCHOOL to HOME
Connections

Chapter ② Numbers to 9

Dear Family,

In this chapter, your child will study numbers 0 to 9, and learn to pair up sets of objects.
Some of the skills your child will practice are:

- reading numbers
- pairing sets of objects with numbers

Activity Pair Them Up!

Pairing is not the same as matching because objects that can be paired are not necessarily the same. For example, a knife can be paired with a fork, a shoe with a shoelace, and a cup with a saucer. Help your child understand that when we count, we are pairing number names to sets of things that the counting words represent.

Make a set of flash cards with the numbers 0 to 9. You will also need 9 small objects, such as pencils.

Vocabulary to Practice

6 • • • • • •
7 • • • • • • •
8 • • • • • • • •
9 • • • • • • • • •
0

To **pair** is to group two objects that go together.

- Show your child a flash card. Ask him or her to display the same number of pencils.
- Put 6 pencils in front of your child. Have your child pick out the pairing flash card. Vary the number.

Math in Focus

Conexiones entre

ESCUELA Y CASA

Capítulo ② Números hasta 9

Estimada familia:

En este capítulo, su hijo estudiará los números hasta 0 a 9 y aprenderá a formar parejas de conjuntos de objetos. Algunas de las destrezas que practicará su hijo son:

- leer números
- formar pares de conjuntos de objetos con números

Actividad ¡Emparéjalos!

Formar parejas no es lo mismo que relacionar, porque los objetos que pueden formar parejas no son necesariamente iguales. Por ejemplo, un cuchillo se puede emparejar con un tenedor, un zapato con un cordón y una taza con un platillo. Ayude a su hijo a entender que cuando contamos, emparejamos nombres de números con conjuntos de cosas que representan las palabras de conteo.

Elabore tarjetas nemotécnicas con los números de 0 a 9. También necesitará 9 objetos pequeños, como lápices.

- Muestre a su hijo una tarjeta nemotécnica. Pídale que muestre el mismo número de lápices.
- Coloque 6 lápices frente a su hijo. Pida a su hijo que elija la tarjeta nemotécnica correspondiente. Varíe el número.

Vocabulario para practicar

6 ● ● ● ● ● ●
7 ● ● ● ● ● ● ●
8 ● ● ● ● ● ● ● ●
9 ● ● ● ● ● ● ● ● ●
0

Emparejar (To pair) es agrupar dos objetos que se relacionan.

SCHOOL to HOME
Connections

Chapter ③ Order by Length or Weight

Dear Family,

In this chapter, your child will learn about sizes and a few positional words.

Some of the skills your child will practice are:

- ordering objects by size
- describing the spatial position of an object in relation to other objects

Activity Order the Toys

Ordering objects by size is a skill that your child can use in everyday life. It is also useful to know positional words to describe the location of an object.

You will need a big teddy bear, a middle-sized doll, and a small toy car. You may substitute with other toys, but be sure that they are of 3 distinct sizes.

The teddy bear is the biggest. The doll is middle-sized. The car is the smallest.

The teddy bear is first. The car is next to the doll. The doll is in between the teddy bear and the car.

- Ask your child to order the toys by size, first from biggest to smallest, and then from smallest to biggest.
- Arrange the toys in a row. Ask your child to use the words *first, next to,* and *between* to describe the position of the toys.

Vocabulary to Practice

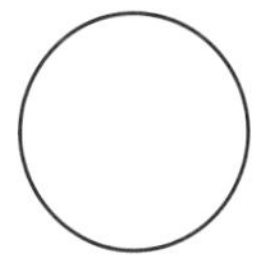
biggest

middle-sized

smallest

first   between

next to

Conexiones entre
ESCUELA Y CAS[A]

Capítulo ③ Orden por longitud o peso

Estimada familia:

En este capítulo, su hijo aprenderá sobre los tamaños y algunas palabras posicionales.

Algunas de las destrezas que practicará su hijo son:

- ordenar objetos por tamaño
- describir la posición espacial de un objeto en relación con otros objetos

Actividad Orden de los juguetes

Ordenar objetos por tamaños es una destreza que su hijo puede utilizar en la vida cotidiana. También es útil conocer palabras posicionales para describir la ubicación de un objeto.

Necesitará un oso de peluche grande, una muñeca mediana y un auto de juguete pequeño. Puede reemplazar por otros juguetes, pero asegúrese de que sean de tres tamaños diferentes.

El oso de peluche es el más grande. La muñeca es mediana. El auto es el más pequeño.

El oso de peluche está primero. El auto está al lado de la muñeca. La muñeca está entre el oso de peluche y el auto.

- Pida a su hijo que ordene los juguetes por tamaño, primero de más grande a más pequeño y luego, de más pequeño a más grande.

- Coloque los juguetes en una fila. Pida a su hijo que use las palabras *primero, al lado de* y *entre* para describir la posición de los juguetes.

Vocabulario para practic[ar]

el más grande (biggest)

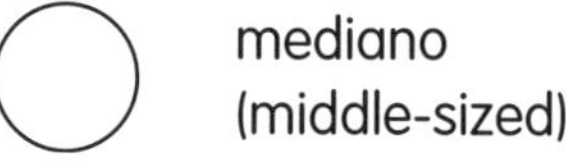
mediano (middle-sized)

el más pequeño (smallest)

primero (first) entre (between)

al lado de (next to)

SCHOOL to HOME
Connections

Chapter ④ Counting and Numbers 0 to 10

Dear Family,

In this chapter, your child will learn how to use his or her fingers to count, as well as the concept of how many more. Some of the skills your child will practice are:

- using fingers to add
- comparing sets to find how many more

Vocabulary to Practice
In all means altogether.

Activity Match Me

Using fingers to add is a fundamental skill that your child will use to develop addition skills later in this program. Comparing sets will also enhance his or her skill in matching one-to-one, which will help later when dealing with subtraction.

You will need 10 spoons and 10 forks.

8 spoons in all.

6 more spoons than forks.

- Lay out 5 spoons in one group and 3 spoons in another group. Ask your child to use his or her fingers to count how many spoons there are in all. Vary the numbers.

- Lay out 2 forks. Ask your child how many more spoons there are than forks. Vary the numbers.

Math in Focus

Conexiones entre
ESCUELA Y CASA

Estimada familia:

En este capítulo, su hijo aprenderá cómo usar sus dedos para contar, y el concepto de cuántos más.
Algunas de las destrezas que practicará su hijo son:

- usar los dedos para sumar

- comparar conjuntos para hallar cuántos más

Vocabulario para practic

En total (In all) significa en totalidad.

Actividad Emparéjame

Utilizar los dedos para sumar es una destreza fundamental que su hijo usará para desarrollar destrezas para sumar más adelante en este programa. Comparar conjuntos también mejorará su destreza para emparejar uno a uno, que le ayudará más adelante a trabajar con la resta.

Necesitará 10 cucharas y 10 tenedores.

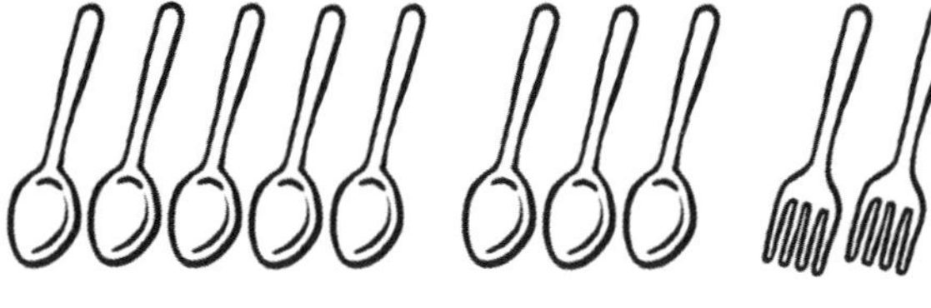

8 cucharas en total.

6 cucharas más que tenedores.

- Coloque 5 cucharas en un grupo y 3 cucharas en otro grupo. Pida a su hijo que use sus dedos para contar cuántas cucharas hay en total. Varíe los números.

- Coloque 2 tenedores. Pregunte a su hijo cuántas cucharas hay más que tenedores. Varíe los números.

Math in Focus
SCHOOL to HOME
Connections

Chapter 5 Size and Position

Dear Family,

In this chapter, your child will learn about relative sizes and positional words.
Some of the skills your child will practice are:

- comparing sizes of objects
- describing the spatial position of an object in relation to other objects

Activity What I Bought from the Store

Comparing sizes of objects is a skill your child can use in everyday life. It is also useful to know positional words to describe the location of an object.

You will need a collection of groceries of various sizes, a sheet of paper, and a grocery bag.

The watermelon is big and the apple is small. The apple and orange are the same size.

The slice of cheese is on top of the watermelon. The paper is under the watermelon. The apple is in front of the watermelon. The orange is next to the apple. The watermelon is behind the apple. The pineapple is inside the grocery bag.

- Pick a few objects and have your child compare their sizes.
- Arrange the objects as suggested and have your child describe their positions using the words listed at the right.

Vocabulary to Practice

big   small

same size

The cup is **on top of** the chair.

The glass is **under** the chair.

The box is **next to** the chair.

The lamp is **behind** the chair.

The book is **in front of** the box.

The ball is **inside** the box.

Conexiones entre
ESCUELA Y CASA

Capítulo (5) Tamaño y posición

Estimada familia:

En este capítulo, su hijo aprenderá sobre los tamaños relativos y las palabras posicionales.

Algunas de las destrezas que practicará su hijo son:

- comparar tamaños de objetos
- describir la posición espacial de un objeto en relación con otros objetos

Actividad Lo que compré en la tienda

Comparar tamaños de objetos es una destreza que su hijo puede utilizar en la vida cotidiana. También es útil conocer palabras posicionales para describir la posición de un objeto.

Necesitará una colección de productos de supermercado de diversos tamaños, una hoja de papel y una bolsa de supermercado.

La sandía es grande y la manzana es pequeña. La manzana y la naranja son del mismo tamaño.

La rebanada de queso está sobre la sandía. El papel está bajo la sandía. La manzana está frente a la sandía. La naranja está al lado de la manzana. La sandía está detrás de la manzana. La piña está dentro de la bolsa de supermercado.

- Elija algunos objetos y pida a su hijo que compare sus tamaños.
- Ordene los objetos como se sugiere y pida a su hijo que describa sus posiciones usando las palabras que aparecen a la derecha.

Vocabulario para practic

grande (big)   pequeño (small)

mismo tamaño (same size)

La taza está **sobre** (on top of) la silla.

El vaso está **debajo** (under) de la silla.

La caja está **al lado de** (next to) la silla.

La lámpara está **detrás** (behind) de la silla.

El libro está **frente a** (in front of) la caja.

La pelota está **adentro** (inside) de la caja.

SCHOOL to HOME
Connections

Chapter 6 Counting and Numbers to 20

Dear Family,

In this chapter, your child will study numbers to 20, and understand the terms *more* and *fewer*.
Some of the skills your child will practice are:

- understanding the concept of numbers
- comparing sets

Activity How Many More?

Comparing sets will enable your child to discover the meaning of *more* and *fewer*, and also helps your child understand the concept of how many more are needed to make equal sets.

You will need 20 small objects, such as paper clips.

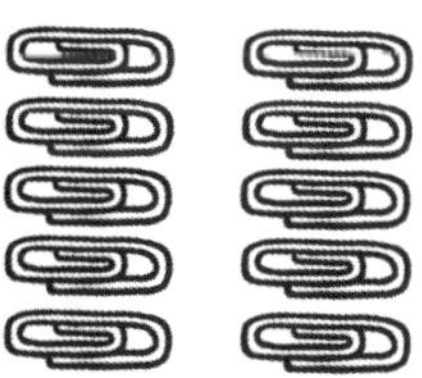 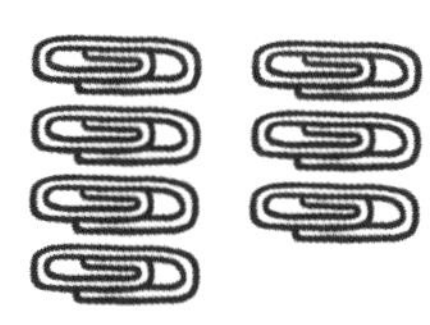

- Lay out a number of paper clips (up to 20) and ask your child to count them. Vary the number.
- Lay out two sets of paper clips, each with a different number of paper clips. Ask your child how many more paper clips are needed for the smaller set to make both sets equal.

Vocabulary to Practice

11 ●●●●●●●●●●
●

12 ●●●●●●●●●●
●●

13 ●●●●●●●●●●
●●●

14 ●●●●●●●●●●
●●●●

15 ●●●●●●●●●●
●●●●●

16 ●●●●●●●●●●
●●●●●●

17 ●●●●●●●●●●
●●●●●●●

18 ●●●●●●●●●●
●●●●●●●●

19 ●●●●●●●●●●
●●●●●●●●●

20 ●●●●●●●●●●
●●●●●●●●●●

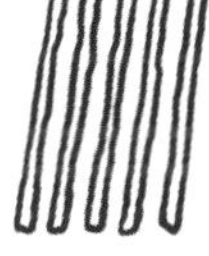 

more   fewer

Math in Focus

Conexiones entre
ESCUELA Y CASA

Estimada familia:

En este capítulo, su hijo estudiará los números hasta 20 y entenderá los términos *más* y *menos*.
Algunas de las destrezas que practicará su hijo son:

- entender el concepto de los números
- comparar conjuntos

Actividad ¿Cuántos más?

Comparar conjuntos permitirá a su hijo descubrir el significado de *más* y *menos*, y también le ayudará a entender el concepto de cuántos más se necesitan para formar conjuntos iguales.

Necesitará 20 objetos pequeños, como clips.

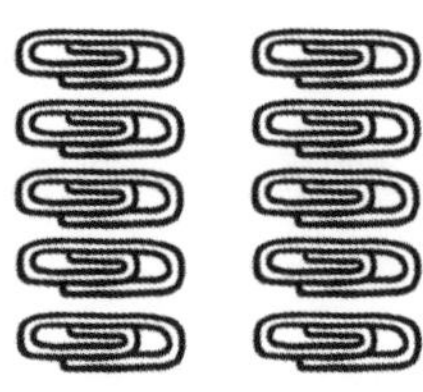 

- Coloque varios clips (hasta 20) y pida a su hijo que los cuente. Varíe el número.
- Coloque dos conjuntos de clips, cada uno con un número diferente de clips. Pregunte a su hijo cuántos clips más se necesitan en el conjunto más pequeño para que ambos conjuntos sean iguales.

Vocabulario para practicar

11 ● ● ● ● ● ● ● ● ● ● ●

12 ● ● ● ● ● ● ● ● ● ● ● ●

13 ● ● ● ● ● ● ● ● ● ● ● ● ●

14 ● ● ● ● ● ● ● ● ● ● ● ● ● ●

15 ● ● ● ● ● ● ● ● ● ● ● ● ● ● ●

16 ● ● ● ● ● ● ● ● ● ● ● ● ● ● ● ●

17 ● ● ● ● ● ● ● ● ● ● ● ● ● ● ● ● ●

18 ● ● ● ● ● ● ● ● ● ● ● ● ● ● ● ● ● ●

19 ● ● ● ● ● ● ● ● ● ● ● ● ● ● ● ● ● ● ●

20 ●

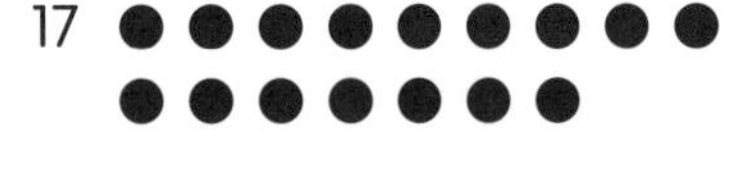 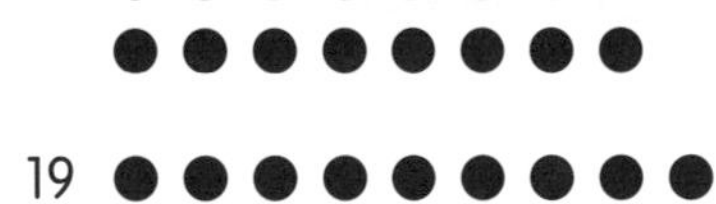 

más	menos
(more)	(fewer)

SCHOOL to HOME
Connections

Chapter 7 Solid and Flat Shapes

Dear Family,

In this chapter, your child will learn the four basic shapes – circle, triangle, square, and rectangle.
One skill your child will practice is:

- recognizing and describing solid and flat shapes

Activity Shape Fun!

Knowing the four basic shapes and describing them is a skill that your child will use in later grades for geometry. Encourage your child to not only identify the shapes, but also to describe them and to say how they are the same and different.

You will need objects of different shapes around the house, such as a round clock, a square cushion, and so on.

- Ask your child to look for objects that are of the four basic shapes around the house or outdoors. Have your child describe what the object looks like.

Vocabulary to Practice

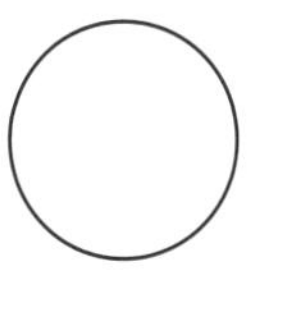
circle

triangle

square

rectangle

Conexiones entre
ESCUELA Y CASA

Capítulo (7) Cuerpos geométricos y figuras planas

Estimada familia:

En este capítulo, su hijo aprenderá las cuatro formas básicas:
círculo, triángulo, cuadrado y rectángulo.
Una destreza que practicará su hijo es:

- reconocer y describir cuerpos geométricos y figuras planas

Actividad ¡Diversión con las formas!

Conocer las cuatro formas básicas y describirlas es una destreza que su hijo utilizará en grados superiores para geometría. Anime a su hijo a que no sólo identifique las formas, sino que también las describa y diga en que se parecen y diferencian.

Necesitará objetos de diferentes formas de la casa, como un reloj redondo, un cojín cuadrado, etc.

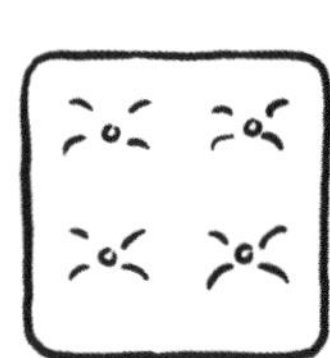

- Pida a su hijo que busque objetos que sean de las cuatro formas básicas en la casa o en el exterior. Pida a su hijo que describa a qué se parece el objeto.

Vocabulario para practicar

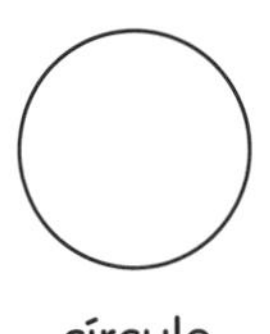

círculo
(circle)

triángulo
(triangle)

cuadrado
(square)

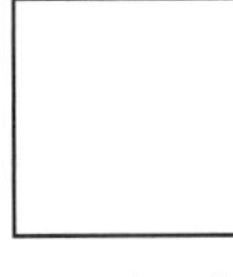

rectángulo
(rectangle)

SCHOOL to HOME
Connections

Chapter ⑧ Counting by 2s and 5s

Dear Family,

In this chapter, your child will learn that counting by 2s or 5s is a faster way of counting a big number of objects.
Some of the skills your child will practice are:

- using pairs for counting
- counting by 5s up to 20 objects

Activity Shoes Galore

Learning to count in pairs or by 2s, and later by 5s, is a skill that will enable your child to count many objects in a shorter amount of time. It is also a skill which will later help them to master multiplication facts.

You will need up to 10 pairs of shoes.

- Assemble a collection of shoes with your child's help. Once all the shoes have been laid out, ask your child to count the shoes in pairs.
- Ask your child to then count the shoes by 5s.

Vocabulary to Practice

A **pair** is a set of two objects that are either used together or regarded as a unit, such as a pair of socks, a pair of spectacles, and so on.

2s are a group of 2 people or objects.

5s are a group of 5 people or objects.

Conexiones entre
ESCUELA Y CASA

Capítulo (8) Contar de 2 en 2 y de 5 en 5

Estimada familia:

En este capítulo, su hijo aprenderá que contar de 2 en 2 o de 5 en 5 es una forma más rápida de contar un número grande de objetos.

Algunas de las destrezas que practicará su hijo son:

- usar pares para contar
- contar de 5 en 5 hasta 20 objetos

Actividad Abundancia de zapatos

Aprender a contar en pares o de 2 en 2, y luego de 5 en 5, es una destreza que permitirá a su hijo a contar muchos objetos en una menor cantidad de tiempo. También es una destreza que posteriormente les ayudará a dominar las operaciones de multiplicación.

Necesitará hasta 10 pares de zapatos.

- Reúna un grupo de zapatos con la ayuda de su hijo. Una vez que haya ordenado los zapatos, pida a sus hijos que cuente los zapatos en pares.
- Pida a su hijo que luego cuente los zapatos de 5 en 5.

Vocabulario para practicar

Un **par** (pair) es un conjunto de dos objetos que se utilizan juntos o se consideran como una unidad, como un par de calcetines, un par de anteojos, etc.

2 en 2 son un grupo de 2 personas u objetos.

5 en 5 son un grupo de 5 personas u objetos.

SCHOOL to HOME
Connections

Chapter 9 Comparing Sets

Dear Family,

In this chapter, your child will learn how to compare sets and do simple addition.
Some of the skills your child will practice are:

- understanding how to use the terms *most* and *fewest*
- using a number line to add

Vocabulary to Practice

most   fewest

Activity Let's Add!

Using a number line to add is a more advanced addition method than using fingers to add. Learning how to use a number line correctly and quickly is an essential skill that your child will carry on using in the later grades, when the number lines become more complex.

Make a 0–10 number line. You will also need about 15 small objects, such as pencils.

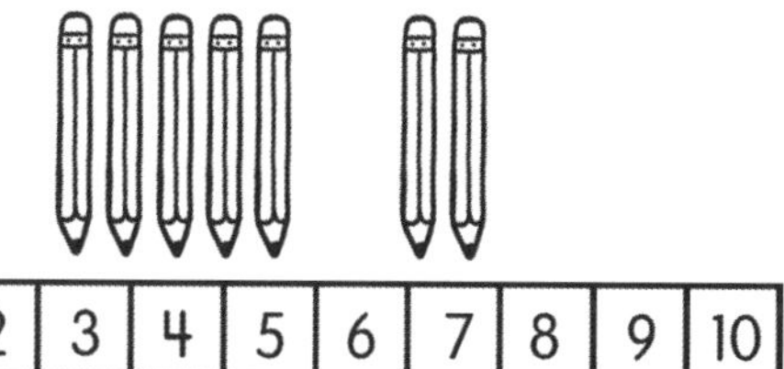

- Lay out 3 sets of pencils, each group with a different number of pencils. Ask your child to say which set has the most pencils and which set has the fewest pencils. Vary the numbers.

- Remove the biggest set of pencils. Ask your child to use the number line to count how many pencils there are in all in the two remaining sets. Vary the numbers. Be sure that the total number of pencils does not exceed 10.

Math in Focus

Conexiones entre ESCUELA Y CASA

Capítulo 9 Comparación de conjuntos

Estimada familia:

En este capítulo, su hijo aprenderá a comparar conjuntos y realizar sumas simples.

Algunas de las destrezas que practicará su hijo son:

- entender cómo usar los términos *mayor* y *menor*
- usar una recta numérica para sumar

Actividad ¡Sumemos!

Usar una recta numérica para sumar es un método de suma más avanzado que usar los dedos para sumar. Aprender a usar una recta numérica de manera correcta y rápida es una destreza esencial que su hijo continuará en grados superiores, cuando las rectas numéricas sean más complejas.

Haga una recta numérica de 0 a 10. También necesitará aproximadamente 15 objetos pequeños, como lápices.

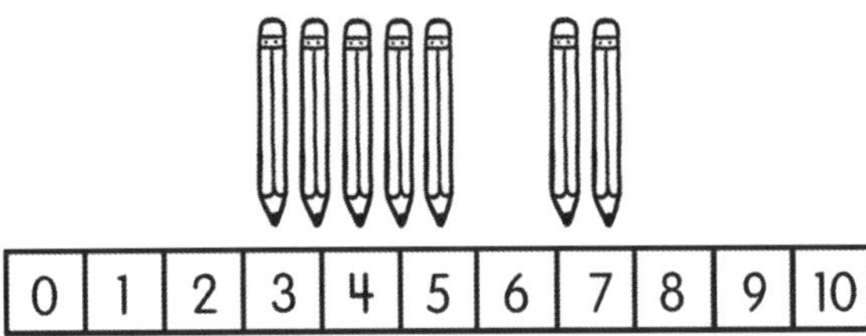

- Forme 3 conjuntos de lápices, cada uno con un número diferente de lápices. Pida a su hijo que diga qué conjunto tiene la mayor cantidad de lápices y qué conjunto tiene la menor cantidad de lápices. Varíe los números.

- Elimine el conjunto de lápices más grande. Pídale a su hijo que use la recta numérica para contar cuántos lápices hay en total en los dos conjuntos restantes. Varíe los números. Asegúrese de que el número total de lápices no sea superior a 10.

SCHOOL to HOME Connections

Chapter 10 Ordinal Numbers

Dear Family,

In this chapter, your child will learn how to sequence events. One skill your child will practice is:

- using the terms *first*, *next*, and *last* to sequence events

Activity My Day

Using mathematical language to sequence events in a day is a skill that your child can use every day. Besides understanding how to sequence events, your child will also improve his or her verbal skills as he or she shares about their day.

- Ask your child to talk about his or her day in school. Help your child to use the terms *first*, *next*, and *last* to describe the events that happened during the day.

Vocabulary to Practice

The **first** event comes before all others.

The **next** event comes immediately after the first event.

The **last** event comes after all others.

Math in Focus

Conexiones entre ESCUELA Y CAS

Estimada familia:

En este capítulo, su hijo aprenderá cómo hacer secuencias de eventos.

Una destreza que practicará su hijo es:

- usar los términos, *primero*, *siguiente* y *último* para hacer secuencias de eventos

Actividad Mi día

Usar lenguaje matemático para hacer una secuencia de eventos en un día es una destreza que su hijo puede utilizar cada día. Además de entender cómo hacer una secuencia de eventos, su hijo también mejorará sus destrezas verbales mientras comparte lo que ha sucedido en su día.

- Pídale a su hijo que le cuente sobre su día en la escuela. Ayude a su hijo a usar los términos *primero*, *siguiente* y *último* para describir los eventos que sucedieron durante el día.

Vocabulario para practic

El **primer** (first) evento sucede antes de los otros.

El **siguiente** (next) evento sucede inmediatamente después del primer evento.

El **último** (last) evento ocurre después de todos los otros.

SCHOOL to HOME
Connections

Chapter 11 Calendar Patterns

Dear Family,

In this chapter, your child will learn the days of the week, and the months of the year.
Some of the skills your child will practice are:

- ordering the days of the week
- ordering the months of the year

Vocabulary to Practice

Sunday, Monday, Tuesday, Wednesday, Thursday, Friday, and **Saturday** are the days of the week.

January, February, March, April, May, June, July, August, September, October, November, and **December** are the months of the year.

Activity Family Events

Knowing the days of the week and the months of the year is essential for your child's everyday life. Help your child become familiar with the names of the days and months by continuously asking him or her which day of the week or month of the year it is.

You will need a calendar.

- Ask your child to talk about the days of the week when he or she has activities such as piano classes, karate classes, and so on.
- Ask your child if he or she knows in which months the birthdays of your family members fall. Show your child the calendar to help him or her become familiar with the order of the months. Ask whose birthday comes first in the year, and whose birthday will be next after today.

Conexiones entre
ESCUELA Y CAS

Capítulo 11 Patrones de calendario

Estimada familia:

En este capítulo, su hijo aprenderá los días de la semana y los meses del año.

Algunas de las destrezas que practicará su hijo son:

- ordenar los días de la semana
- ordenar los meses del año

Actividad Eventos familiares

Saber los días de la semana y los meses del año es esencial para la vida diaria de su hijo. Ayude a su hijo a familiarizarse con los nombres de los días y los meses al preguntarle constantemente qué día de la semana o mes del año es.

Necesitará un calendario.

- Pida a su hijo que hable sobre los días de la semana cuando tenga actividades como clases de piano, de karate, etc.

- Pregunte a su hijo si sabe los meses de los cumpleaños de los miembros de la familia. Muestre a su hijo el calendario para ayudarle a familiarizarse con el orden de los meses. Pregunte quién está de cumpleaños primero en el año y quién estará de cumpleaños después de hoy.

Vocabulario para practic

Domingo (Sunday), **lunes** (Monday), **martes** (Tuesday), **miércoles** (Wednesday), **jueves** (Thursday), **viernes** (Friday), y **sábado** (Saturday) son los días de la semana.

Enero (January), **febrero** (February), **marzo** (March), **abril** (April), **mayo** (May), **junio** (June), **julio** (July), **agosto** (August), **septiembre** (September), **octubre** (October), **noviembre** (November), y **diciembre** (December) son los meses del año.

SCHOOL to HOME
Connections

Chapter ⑫ Counting On and Counting Back

Dear Family,

In this chapter, your child will review associating fingers with numbers.
Some of the skills your child will practice are:

- counting on by using fingers
- counting back to find the difference

. . . .

Activity Rotten Apples!

Using fingers to count back to find the difference is a fundamental skill your child will need to master in order to understand subtraction later on.

- Tell your child simple subtraction stories such as: There are 10 apples and 2 are rotten. How many are not rotten?
- Encourage your child to raise 10 fingers to represent the apples. Then, tell him or her to turn down 2 fingers, which represent the rotten apples. Then, ask him or her to count how many fingers are still up. This will represent the number of apples that are not rotten. Vary the numbers.

Conexiones entre
ESCUELA Y CAS

Capítulo 12 Contar hacia adelante y contar hacia atrás

Estimada familia:

En este capítulo, su hijo revisará la asociación de dedos con números. Algunas de las destrezas que practicará su hijo son:

- contar hacia delante con los dedos
- contar hacia atrás para hallar la diferencia

· ·

Actividad ¡Manzanas podridas!

Usar los dedos para contar hacia atrás para hallar la diferencia es una destreza fundamental que su hijo tendrá que dominar para entender la resta más adelante.

- Cuente a su hijo cuentos de resta simples como: Hay 10 manzanas y 2 están podridas. ¿Cuántas no están podridas?

- Anime a que su hijo levante 10 dedos para representar las manzanas. Luego, pídale que baje 2 dedos, que representan las manzanas podridas. Luego, pídale que cuente cuánto dedos quedan levantados. Esto representará el número de manzanas que no están podridas. Varíe los números.

SCHOOL to HOME
Connections

Chapter 13 Patterns

Dear Family,

In this chapter, your child will learn to recognize repeating patterns.
Some of the skills your child will practice are:

- creating a repeating pattern
- completing a repeating pattern

Vocabulary to Practice

△♡△♡△♡△♡

repeating pattern

Activity Complete Me!

Creating shape patterns will enable your child to review his or her understanding of the properties of shapes. Shape patterns also set the basis for understanding more complex patterns in later grades.

You will need a pencil and paper.

- Ask your child to draw a repeating pattern.
- Draw a repeating pattern, such as the one shown above. Ask your child to complete it by adding the next four shapes.

Math in Focus

Conexiones entre ESCUELA Y CASA

Estimada familia:

En este capítulo, su hijo aprenderá a reconocer patrones repetidos.

Algunas de las destrezas que practicará su hijo son:

- crear un patrón repetido
- completar un patrón repetido

Vocabulario para practic

patrón repetido
(repeating pattern)

Actividad ¡Complétame!

Crear patrones de formas permitirá a su hijo revisar su comprensión de las propiedades de las formas. Los patrones de formas también sientan las bases para la comprensión de patrones más complejos en grados superiores.

Necesitará un lápiz y papel.

- Pida a su hijo que dibuje un patrón repetido.
- Dibuje un patrón repetido, como el que se muestra anteriormente.
  Pida a su hijo que lo complete agregando las siguientes cuatro formas.

Math in Focus
SCHOOL to HOME
Connections

Dear Family,

In this chapter, your child will learn how to combine sets, and review the use of a number line.
Some of the skills your child will practice are:

- adding by combining sets
- using a number line to count on to 15

Activity Apples and More Apples

Combining sets is the most basic form of addition and thus a very useful skill for your child to master. Reviewing the use of a number line will enable your child to practice adding on a number line. However, be sure that your child still remembers how to add using his or her fingers.

Make a 0–15 number line. You will also need 10 red apples and 10 green apples. You may substitute with other objects in two colors.

12 apples in all.

3 more apples to make 15.

- Lay out 5 red apples and 7 green apples. Ask your child to count, either with his or her fingers, or the number line, how many apples there are in all.

- Next, ask your child to use the number line to find out how many more apples are needed to make 15. Vary the numbers.

Conexiones entre
ESCUELA Y CASA

Capítulo (14) Contar hacia adelante hasta 15

Estimada familia:

En este capítulo, su hijo aprenderá a combinar conjuntos y revisar el uso de una recta numérica.

Algunas de las destrezas que practicará su hijo son:

- sumar combinando conjuntos
- usar una recta numérica para contar hacia adelante hasta 15

Actividad Manzanas y más manzanas

Combinar conjuntos es la forma de suma más básica y por lo tanto, una destreza muy útil que su hijo debe dominar. Al revisar el uso de una recta numérica, su hijo podrá practicar sumar en una recta numérica. Sin embargo, asegúrese de que su hijo aún recuerda cómo sumar usando sus dedos.

Haga una recta numérica de 0 a 15. También necesitará 10 manzanas rojas y 10 manzanas verdes. Puede reemplazar por otros objetos de dos colores diferentes.

12 manzanas en total.

3 manzanas más para tener 15.

- Coloque 5 manzanas rojas y / manzanas verdes. Pídale a su hijo que cuente, ya sea con sus dedos con la recta numérica, cuántas manzanas hay en total.

- Pídale a su hijo que use la recta numérica para averiguar cuántas manzanas más se necesitan para tener 15. Varíe los números.

SCHOOL to HOME
Connections

Chapter 15 Length and Height

Dear Family,

In this chapter, your child will learn how to compare and measure lengths.

Some of the skills your child will practice are:

- using terms such as *long*, *longer*, *longest*, *short*, *shorter*, and *shortest* to compare lengths
- using objects such as paper clips to measure lengths

Vocabulary to Practice

———————

long

———————

longer

———————

longest

— — —

short   shorter   shortest

Activity How Long Is It?

Measuring length is a skill that is essential for your child's everyday life. Ask your child to think of how different occupations use this skill. For example, a tailor measures the length of cloth, a doctor measures patients' heights, and so on.

You will need 3 pencils of different lengths, and about 20 paper clips.

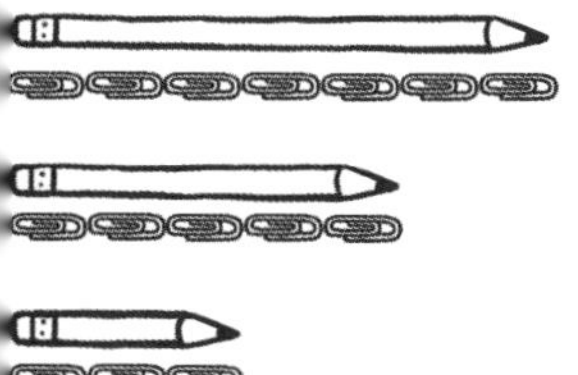

- Ask your child to order the pencils from longest to shortest, and then from shortest to longest. Then, ask him or her to describe their lengths using the terms *long*, *longer*, *longest*, *short*, *shorter*, and *shortest*.

- Have your child measure the length of each pencil using the paper clips. Then, have him or her say, for example: This pencil is 7 paper clips long.

Math in Focus

Conexiones entre ESCUELA Y CAS

Capítulo 15 Longitud y altura

Estimada familia:

En este capítulo, su hijo aprenderá a comparar y medir longitudes.

Algunas de las destrezas que practicará su hijo son:

- usar términos como *largo*, *más largo*, *el más largo*, *corto*, *más corto* y *el más corto* para comparar longitudes
- usar objetos como clips para medir longitudes

Actividad ¿De qué largo es?

Medir la longitud es una destreza que es esencial para la vida cotidiana de su hijo. Pida a su hijo que piense cómo las diferentes profesiones utilizan esta destreza. Por ejemplo, un sastre mide la longitud de la ropa, un médico mide la altura de los pacientes, etc.

Necesitará 3 lápices de diferentes longitudes y aproximadamente 20 clips.

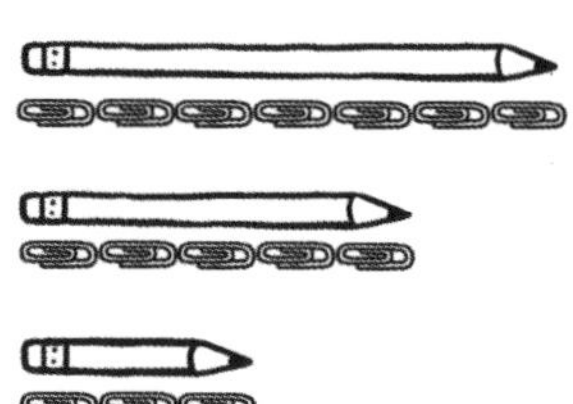

- Pida a su hijo que ordene los lápices de más largo a más corto y luego, de más corto a más largo. Luego, pídale que describa sus longitudes usando los términos *largo*, *más largo*, *el más largo*, *corto*, *más corto* y *el más corto*.

- Haga que su hijo mida la longitud de cada lápiz usando los clips. Finalmente, pídale que diga, por ejemplo: Este lápiz mide 7 clips de largo.

SCHOOL to HOME
Connections

Chapter 16 Classifying and Sorting

Dear Family,

In this chapter, your child will learn how to sort objects. One skill your child will practice is:

- sorting objects by 1 or 2 properties, such as color, size, shape, and so on

Vocabulary to Practice

To **sort** is to arrange objects into groups according to properties such as color, size, shape, and so on.

Activity Let's Do the Laundry!

Learning to sort objects by properties will help your child to develop his or her skills to identify patterns and describe geometric objects. Your child will also use sorting skills later in life when analyzing data.

You will need a load of laundry.

- Using a fresh load of laundry, ask your child to first sort the laundry by the type of clothing, such as socks, shirts, and jeans.

- Then, within a particular type of clothing, such as shirts, ask your child to sort them according to size, and then by color.

Conexiones entre
ESCUELA Y CASA

Capítulo 16 Clasificación

Estimada familia:

En este capítulo, su hijo aprenderá cómo clasificar objetos.
Una destreza que practicará su hijo es:

- clasificar objetos según una o dos propiedades, como color, tamaño, forma, etc.

Vocabulario para practic

Clasificar (sort) es disponer objetos en grupos de acuerdo con sus propiedades como color, tamaño, forma, etc.

Actividad ¡Ayúdame con el lavado!

Aprender a clasificar objetos según sus propiedades ayudará a su hijo a desarrollar sus destrezas para identificar patrones y describir objetos geométricos. Su hijo también clasificará destrezas más adelante en su vida al analizar datos.

Necesitará una carga de ropa de lavandería.

- Usando una carga de ropa limpia, pida a su hijo que primero clasifique la ropa para lavar según el tipo de ropa, como calcetines, camisas y pantalones vaqueros.

- Luego, dentro de un tipo específico de ropa, como camisas, pida a su hijo que las clasifique de acuerdo con el tamaño y luego por color.

SCHOOL to HOME
Connections

Chapter (17) Addition Stories

Dear Family,

In this chapter, your child will learn how to add using small numbers.

Some of the skills your child will practice are:

- forming addition sentences from addition stories
- writing addition sentences using the symbols + and =

Vocabulary to Practice

$3 + 2 = 5$ is an **addition sentence**.

Read it as *three **and** two **make** five*.

Activity How Many in All?

Addition is one of the four basic operations that form the foundation of arithmetic and is an essential part of the computation work in elementary school. When your child understands and masters the skill of simple addition, he or she will have the confidence to solve real-world math problems.

You will need a pencil and paper.

- Tell your child simple addition stories such as: There are 5 chairs in the kitchen and 3 chairs in the living room. How many chairs are there in all?
- Encourage your child to first say the addition sentence. For example, he or she would say: Five and three make eight. Then, ask your child to write down the addition sentence. Vary the numbers and use other objects that you have at home. Ensure that the sum does not exceed 10.

Math in Focus

Conexiones entre
ESCUELA Y CASA

Estimada familia:

En este capítulo, su hijo aprenderá a sumar usando números pequeños.

Algunas de las destrezas que practicará su hijo son:

- formar enunciados de suma a partir de cuentos de suma
- escribir enunciados de suma usando los símbolos + e =

Vocabulario para practic

$3 + 2 = 5$ es un **enunciado de suma** (addition sentence).

Lea como *tres **más*** (and) *dos **suman*** (make) cinco.

Actividad ¿Cuántos en total?

La suma es una de las cuatro operaciones básicas que forman la base de la aritmética y forma parte esencial del trabajo de cálculo en la escuela primaria. Si su hijo entiende y domina la destreza de la suma simple, se sentirá seguro para resolver problemas matemáticos reales.

Necesitará un lápiz y papel.

- Cuente a su hijo cuentos de suma simples como: Hay 5 sillas en la cocina y 3 sillas en la sala. ¿Cuántas sillas hay en total?

- Fomente que su hijo diga primero el enunciado de suma. Por ejemplo, diría: Cinco más tres suman ocho. Luego, pida a su hijo que escriba el enunciado de suma. Varíe los números y utilice otros objetos que tenga en casa. Asegúrese de que la suma no sea superior a 10.

SCHOOL to HOME
Connections

Chapter 18 Subtraction Stories

Dear Family,

In this chapter, your child will learn how to subtract using small numbers.

Some of the skills your child will practice are:

- forming subtraction sentences from subtraction stories
- writing subtraction sentences using the symbols – and =

Vocabulary to Practice

$6 - 2 = 4$ is a **subtraction sentence**.

Read it as *six **take away** two **is** four*.

Activity How Many Are Left?

Subtraction is one of the four basic operations that form the foundation of arithmetic and is an essential part of the computation work in elementary school. When your child understands and masters the skill of simple subtraction, he or she will have the confidence to solve real-world math problems.

You will need a pencil and paper.

- Tell your child simple subtraction stories such as: There are 9 batteries in the drawer. Dad used 5 batteries. How many are left?

- Encourage your child to first say the subtraction sentence. For example, he or she would say: Nine take away five is four. Then, ask your child to write down the subtraction sentence. Vary the numbers and use other objects that you have at home. Ensure that the initial number of objects does not exceed 10.

Conexiones entre

ESCUELA Y CAS

Capítulo ⑱ Cuentos de resta

Estimada familia:

En este capítulo, su hijo aprenderá a restar usando números pequeños.

Algunas de las destrezas que practicará su hijo son:

- formar enunciados de resta a partir de cuentos de resta

- escribir enunciados de resta usando los símbolos - e =

Vocabulario para practi

$6 - 2 = 4$ es un **enunciado de resta** (subtraction sentence).

Lea como si a *seis* **quitamos** (take away) *dos* **queda** (is) *cuatro*.

Actividad ¿Cuántos quedan?

La resta es una de las cuatro operaciones básicas que forman la base de la aritmética y forma parte esencial del trabajo de cálculo en la escuela primaria. Cuando su hijo entiende y domina la destreza de la resta simple, se sentirá seguro para resolver problemas matemáticos reales.

Necesitará un lápiz y papel.

- Cuente a su hijo cuentos de resta simples como: Hay 9 baterías en el cajón. El papá usa 5 baterías. ¿Cuántas quedan?

- Fomente que su hijo diga primero el enunciado de resta. Por ejemplo, diría: Si a nueve se quitan cinco quedan cuatro. Luego, pida a su hijo que escriba el enunciado de resta. Varíe los números y utilice otros objetos que tenga en casa. Asegúrese de que el número de objetos inicial no sea superior a 10.

SCHOOL to HOME
Connections

Chapter 19 Measurement

Dear Family,

In this chapter, your child will learn how to compare containers according to capacity.

One skill your child will practice is:

- using the terms *holds more*, *holds less*, and *hold the same amount* to compare the capacity of containers

Activity Bowls of Grapes

Informal measurement techniques form the basis for more complex concepts and processes that are developed in later grades. While in a supermarket, encourage your child to look at different sizes of milk cartons, juice boxes, and so on, and determine which holds more and which holds less.

You will need 4 bowls (1 big, 1 small, and 2 middle-sized ones), and a big bunch of grapes.

Vocabulary to Practice

The big cup **holds more** than the small cup. The small cup **holds less** than the big cup.

Both cups **hold the same amount**.

The big bowl holds more grapes.
The small bowl holds less grapes.

- Lay out the bowls and ask your child to guess which bowl holds more, which bowl holds less, and which bowls hold the same amount.

- Ask your child to fill each bowl with grapes, counting the grapes as they are placed into each bowl. Help your child decide if the two middle-sized bowls hold the same amount or if one holds more. Then, check whether his or her guesses are correct.

Math in Focus

Conexiones entre
ESCUELA Y CASA

Estimada familia:

En este capítulo, su hijo aprenderá a comparar recipientes de acuerdo con su capacidad.

Una destreza que practicará su hijo es:

- usar los términos *tiene mayor capacidad*, *tiene menor capacidad* y *tiene la misma capacidad* para comparar la capacidad de los recipientes.

Actividad Fuente de uvas

Las técnicas de medición informales sientan las bases para conceptos y procesos más complejos que se desarrollan en grados superiores. En el supermercado, pida a su hijo que observe los diferentes tamaños de los envases de leche, las cajas de jugo, etc. y determine cuál tiene mayor y menor capacidad.

Necesitará 4 fuentes (1 grande, 1 pequeña y 2 medianas) y un racimo grande de uvas.

La fuente grande tiene capacidad para más uvas.
La fuente pequeña tiene capacidad para menos uvas.

- Coloque las fuentes y pida a su hijo que adivine qué fuente tiene mayor capacidad, qué fuente tiene menor capacidad y qué fuentes tienen la misma capacidad.

- Pida a su hijo que llene cada fuente con uvas, contando las uvas a medida que las coloca en cada fuente. Ayude a su hijo a decidir si las dos fuentes medianas tienen la misma capacidad o si una de ellas tiene mayor capacidad. Luego, verifique si sus respuestas son correctas.

Vocabulario para practicar

La taza grande **tiene mayor capacidad** (holds more) que la taza pequeña. La taza pequeña **tiene menor capacidad** (holds less) que la taza grande.

Ambas tazas **tienen la misma capacidad** (hold the same amount).

Math in Focus
SCHOOL to HOME Connections

Chapter 20 Money

Dear Family,

In this chapter, your child will learn to recognize coins and use them to purchase objects.

Some of the skills your child will practice are:

- knowing the values of a penny, nickel, dime, and quarter
- using different combinations of coins to buy objects not more than 10¢

Activity Let's Go Shopping!

Knowing the value of different coins and using them to buy objects is a real-world application of mathematical concepts such as numbers, addition, and subtraction.

You will need a combination of pennies, nickels, and dimes.

- Take your child to a flea market or a yard sale. Pick out some cheap toys and ask your child to use a combination of pennies, nickels, and dimes to buy these toys.

Math in Focus

Conexiones entre ESCUELA Y CASA

Capítulo 20 Dinero

Estimada familia:

En este capítulo, su hijo aprenderá a reconocer monedas y usarlas para comprar objetos.

Algunas de las destrezas que practicará su hijo son:

- conocer los valores de las monedas de 1, 5, 10 y 25 centavos
- usar diferentes combinaciones de monedas para comprar objetos de un valor inferior a 10¢

Actividad ¡Vamos de compra!

Conocer el valor de las diferentes monedas y usarlas para comprar objetos es una aplicación real de los conceptos matemáticos, como números, suma y resta.

Necesitará una combinación de monedas de 1, 5 y 10 centavos.

- Lleve a su hijo a un mercado de las pulgas o una venta de garage. Elija algunos juguetes baratos y pida a su hijo que use una combinación de monedas de 1, 5 y 10 centavos para comprar estos juguetes.

Dear Family,

This has been a full year for your child in math. One aspect of learning math is that concepts and skills become solidified over time. Concepts or skills that were new earlier in the year will now seem 'easy'. A great way to reinforce your child's appreciation for math is to review the year and his or her growth.

For example, ask your kindergartener to recall and explain:

- *How can you tell what is same and what is different between*

  a blue cup and a red cup?

  a ball and a marble?

- *How can you complete the number sentences for the following?*

  4 + 3   2 + 6

  7 – 6   9 – 5

Ask your child, *Was this always easy for you? What do you know now that makes it easier than before?* Allow your child to be pleased with how much math he or she learned this year!

Finally, take a few minutes now and then over the summer to keep math skills sharp with family math activities. Many ideas have been suggested in these chapter newsletters. Another good source of activities is the U.S. Department of Education publication, *Helping Your Child Learn Math*, available in print or online at www.ed.gov/pubs/parents/Math/

Thank you for supporting your child's efforts in math this year!

Estimada familia:

Este ha sido un año completo para su hijo en matemáticas. Un aspecto del aprendizaje de matemáticas es que los conceptos y las destrezas se consolidan con el tiempo. Los conceptos o las destrezas que a principio de año eran nuevas ahora parecerán 'fáciles'. Una excelente forma de reforzar el aprecio de su hijo por las matemáticas es revisar el año y su crecimiento.

Por ejemplo, pregunte a su hijo de Kindergarten que recuerde y explique:

- *¿Cómo puedes saber las semejanzas y diferencias entre*

    una taza azul y una taza roja?

    una pelota y una canica?

- *¿Cómo puedes completar los enunciados numéricos para lo siguiente?*

    4 + 3   2 + 6

    7 – 6   9 – 5

Pregunte a su hijo, *¿Fue esto siempre fácil para ti? ¿Qué sabes ahora que lo hace más fácil que antes?* ¡Deje que su hijo se alegre de cuánta matemática ha aprendido este año!

Por último, dedique algunos minutos ahora y luego en el verano para mantener las habilidades matemáticas activas con actividades matemáticas familiares. Se han sugerido muchas ideas en estos boletines informativos sobre los capítulos. Otra buena fuente de actividades es la publicación del Departamento de Educación de EE.UU., *Helping Your Child Learn Math* (Cómo ayudar a su hijo con las matemáticas), disponible en formato impreso o en línea en www.ed.gov/espanol/parents/academic/matematicas/part.html

¡Muchas gracias por apoyar los esfuerzos de su hijo en matemáticas este año!